spanish
with **Abby** and **Zak**

Contents

Text by Tracy Traynor & María Pérez
Ilustrations by Laura Hambleton

Milet

For parents and teachers

Spanish with Abby and Zak

is especially for children aged 5–10.

Children can use it to start learning Spanish or to improve their Spanish. It introduces words and phrases in subjects that children meet every day – family, friends, school, activities, etc.

Children learn languages best if the learning is enjoyable. This is why **SAZ** is colorful and interactive, full of fun characters and challenging quizzes.

To get the most out of it

- Learn along with your child or encourage him/her to learn with a friend.
- Join in with the lively recordings.
- Make testing and reviewing as you go along competitive and fun.
- Use **SAZ** like a storybook, not a textbook.
- Remember to praise and reward your child's efforts.
- See the notes on p.3 for further suggestions on how to use the course.

Each spread (two-page section) in the book is on a new topic. Here is a typical spread, with the most important features labeled.

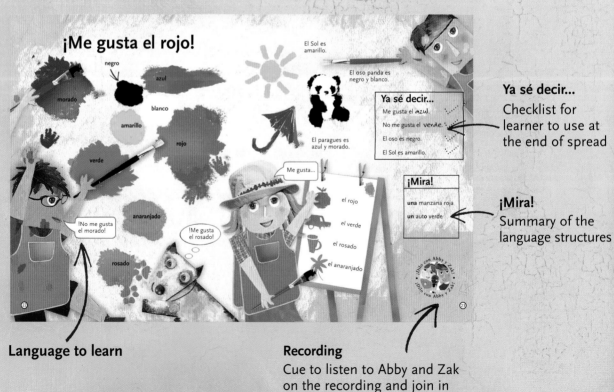

Ya sé decir...
Checklist for learner to use at the end of spread

¡Mira!
Summary of the language structures

Language to learn

Recording
Cue to listen to Abby and Zak on the recording and join in

How to use the course

1 Look at the pictures with your child. Talk about the spread with your child in your own language, using the pictures to help work out what the Spanish means.

2 Read through the Spanish again, this time listening to the recording.

3 Then read through the words on the pages together. Take turns to read the different parts.

4 Play the recording again, this time encouraging your child to repeat the words / phrases after Abby and Zak.

5 When your child is feeling confident, play some games to help him / her remember the language he / she has just learned:

- Ask what words mean (in Spanish or your own language).

- See how many words your child can remember in Spanish without looking at the book.

- Practice the words together in different contexts (e.g. practice numbers using toys or coins, colors using things around the house, family / clothes using photographs).

6 Encourage your child to move on to reading the book and listening to the recording independently.

Testing and reviewing

- **SAZ** contains four quizzes, to help you and your child measure his / her progress. These come after every few spreads and test the language just learned. Each quiz has a reward activity (see pp. 42–43).

- The book also has a Wordlist, featuring all the important words used in the course (see pp. 46–47). You can use this to test your child – or your child can use it to test himself / herself, by covering up one of the languages and trying to give the translation.

- Encourage your child to create his / her own illustrated wordlist. This will make the words much easier to remember.

- If your child is interested in finding out other words in Spanish, buy a children's bilingual dictionary and look up words together.

Testing and reviewing are an important part of language learning, but they should be fun. Above all, don't forget to praise and reward your child's efforts.

¡A divertirse con Abby y Zak!

¡Y sus amigos!

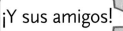

¡Aquí estamos!

¡Hola!

Me llamo Diego. ¿Cómo te llamas?

¡Hola!

Me llamo Ana.

¡Adiós, Zak!

¡Hasta luego, Abby!

Ya sé decir...

¡Hola!

¡Adiós!

Me llamo...

¿Cómo te llamas?

¡Dilo con Abby y Zak!
¡Dilo con Abby y Zak!

El alfabeto

¡A contar!

0 cero

1 uno

2 dos

3 tres

4 cuatro

5 cinco

Tengo ocho años.

¡Mira!

un globo
diez globo**s**

Yo tengo ocho años.
Él tiene nueve años.
Ella tiene ocho años.

7 siete

8 ocho

6 seis

9 nueve

10 diez

¿Cuántos años tienes?

Tengo nueve años.

Ella tiene ocho años. Él tiene nueve años.

Ya sé decir...

uno, dos...

un globo, dos...

Tengo **ocho** años.

¡Dilo con Abby y Zak! • ¡Dilo con Abby y Zak!

9

Prueba 1

Completa

Yo	luego, Zak!
¿Cómo	años tienes?
¿Cuántos	diez años.
Tengo	me llamo Abby.
¡Hasta	te llamas?

Halla y colorea

siete dos cero seis diez uno ocho cuatro tres nueve cinco

Escribe

____¡Hola!____ Me llamo Abby.

¿Cómo te _____ ?

¡Hola! Me _____ Zak.

_____ nueve años.

¿ _____ años tienes?

Cuenta

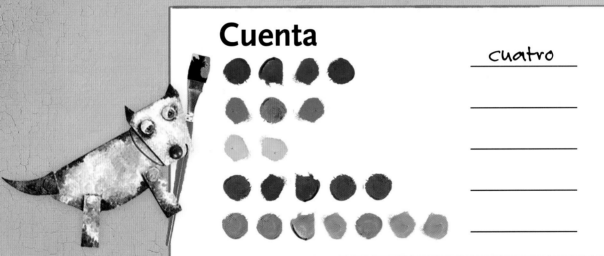

____cuatro____

_____

_____

_____

_____

Dibuja y escribe

¡Muy bien!
Vete a la p. 42.

Me llamo _____.

Tengo _____ años.

Mi familia

Esta es mi familia.

mi abuelo

mi mamá

mi papá

mi abuela

¿Cuántos hermanos y hermanas tienes?

Tengo dos hermanos y una hermana.

Tengo un hermano y no tengo hermanas.

mis hermanos

mi hermana

¿Cuántos hermanos
y hermanas tienes?

¡Mira!

¿Cuántos hermanos y
hermanas **tienes**?

Tengo dos hermanos
y una hermana.

No tengo hermanas.

Ya sé decir...

Esta es mi...

¿Cuántos hermanos
y hermanas tienes?

Tengo **un** hermano y
dos hermanas.

¡Dilo con Abby y Zak!
¡Dilo con Abby y Zak!

13

Esta es mi casa

Esta es mi casa.

mi dormitorio

el dormitorio de mamá y papá

el baño

la escalera

Este es el jardín.

Ya sé decir...

Esta es mi casa.

Esta es la cocina.

¡Mira!

Este es **mi** dormitorio.

Este es el dormitorio **de** José.

el dormitorio de José

la sala

la entrada

la cocina

¡Dilo con Abby y Zak!

¡Dilo con Abby y Zak!

Esta es mi casa.

a mañana

el mediodía

¡A levantarse!

el desayuno

el almuerzo

la noche

Es hora de dormir.

¿Qué hora es?

¡Mira!

Es la una.

Son las seis.

Ya sé decir...

¿Qué hora es?

Son las cuatro.

¿Cómo estás?

la cabeza

los ojos

la nariz

la oreja

la mano

el brazo

la barriga

la pierna

¡Estoy bien!

el pie

¡Mira!

el brazo

la cabeza

los ojos

¿Cómo estás?

No estoy bien.

Tengo sed.

Tengo frío.

Tengo hambre.

Tengo calor.

¿Cómo estás?

Ya sé decir...

la nariz, el pie...

Tengo **sed**.

¡Dilo con Abby y Zak!

19

Prueba 2

Halla y colorea

hermano papá abuela hermana mamá abuelo

la cabeza

Escribe

Halla y escribe

índarj	_jardín_
omdirotiro	_____
obña	_____
aasl	_____
inacoc	_____

Completa

¿Cuántos	estás?
Este es	hermano.
Tengo un	cuatro.
¿Cómo	mi dormitorio.
Son las	hermanos y hermanas tienes?

Dibuja y escribe

¡Muy bien!
Vete a la p. 42.

Este / Esta es mi _____.

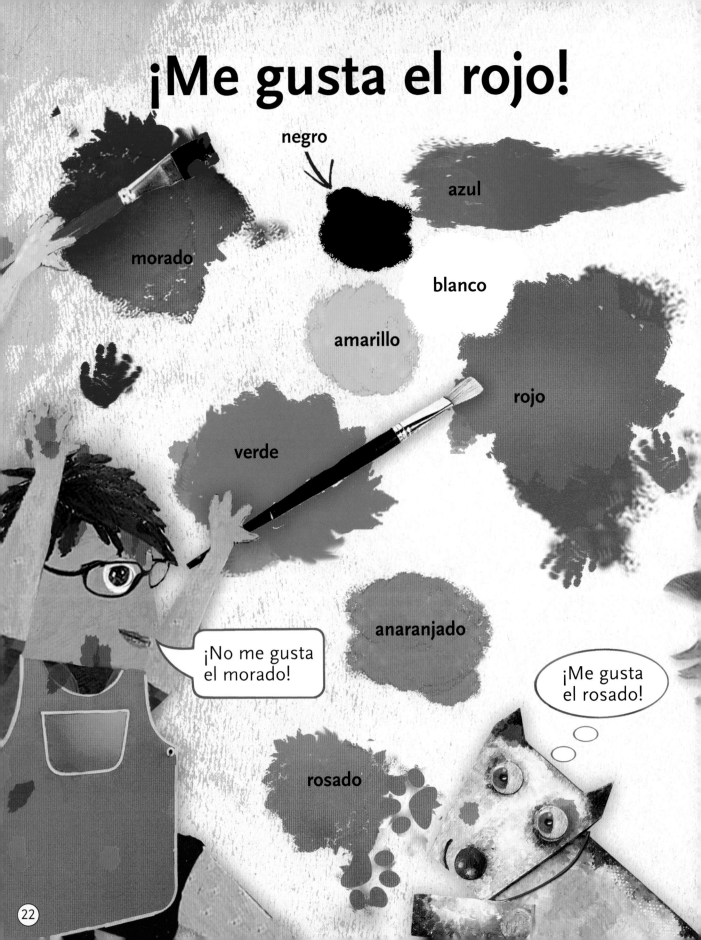

El Sol es amarillo.

El oso panda es negro y blanco.

El paraguas es azul y morado.

Ya sé decir...

Me gusta el *azul*.

No me gusta el *verde*.

El oso es negro.

El Sol es amarillo.

Me gusta...

el rojo

el verde

el rosado

el anaranjado

¡Mira!

una manzan**a** roj**a**

un aut**o** verde

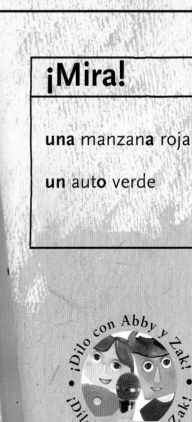

¡Dilo con Abby y Zak!

¡Dilo con Abby y Zak!

¡Me veo genial!

Llevo...

un sombrero

¡Llevo el uniforme escolar!

un suéter

una camisa

una corbata

una chaqueta

una falda

un pantalón

¡Qué elegante!

¡Eso no te va!

unos zapatos

unas botas

¡Mira!

un pantalón – **el** pantalón

una camisa – **la** camisa

unos zapat**os** – **los** zapat**os**

unas bot**as** – **las** bot**as**

24

En la escuela

el pincel

el dibujo

la ventana

Me gusta la escuela.

las pinturas

A mí también.

la regla

¡Muy bien!

la maestra

el bolígrafo

el pizarrón

$$1 + 3 = 4$$
$$2 + 4 = 6$$

el cuaderno

el lápiz

la calculadora

la alumna

En el zoológico

los canguros

el hipopótamo

los monos

¿Cuántas jirafas hay?

Hay dos jirafas.

las jirafas

¡Dilo con Abby y Zak! • ¡Dilo con Abby y Zak!

20 veinte

19 diecinueve

Hay veinte saltamontes.

18 dieciocho

17 diecisiete

14 catorce

15 quince

16 dieciséis

Ya sé decir...

las serpientes, los monos...

¿Cuántos canguros hay?

Hay un hipopótamo.

Prueba 3

Colorea

un suéter rosado

una gorra amarilla
y verde

una camiseta roja

un sombrero
morado

un pantalón azul

un vestido anaranjado

Escribe

un Llevo pantalón	Llevo un pantalón.
gusta el Me morado	_____
gusta verde No me el	_____
El amarillo Sol es	_____
estás? ¿Cómo	_____

Halla y circula (10 cosas que hay en la escuela)

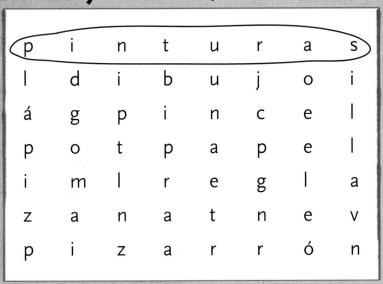

p	i	n	t	u	r	a	s
l	d	i	b	u	j	o	i
á	g	p	i	n	c	e	l
p	o	t	p	a	p	e	l
i	m	l	r	e	g	l	a
z	a	n	a	t	n	e	v
p	i	z	a	r	r	ó	n

Dibuja y escribe

Llevo _____

_____

_____

_____ .

¡Muy bien! Vete a la p. 43.

¡Soy un pirata!

¿Eres una niña pirata, Abby?

¿Eres un adivino, Zak?

No, soy un mago.

¡Sí!

¿Qué soy yo?

¡Mira!

¿Eres... ?

Sí.

No.

Ya sé decir...

Soy un pirata.

¿Eres una brujita?

Sí.

No.

¡Quiero jugar!

Quiero...

hablar con mi amiga

dibujar

andar en bicicleta

bailar

nadar

¿Quieres jugar?

No, no quiero.

¡Mira!

¿**Quieres** dibujar?

Sí, sí **quiero**.

No, no **quiero**.

Quiero bailar.

Quiero...

jugar al escondite

leer

saltar

¿Quieres jugar?

ver televisión

jugar al fútbol

¡Sí!

Ya sé decir...

Quiero **saltar**.

¿Quieres **jugar**?

Sí, sí quiero.

No, no quiero.

¡Dilo con Abby y Zak!

35

En la juguetería

¡Me encantan los juguetes!

Voy a comprar un caballito mecedor.

una casa de muñecas

un tren

unos patines

un auto de carreras

un caballito mecedor

Ya sé decir...

un pato,
una pelota...

Voy a comprar
un dinosaurio.

una muñeca

un pato

un peluche

un patinete

Voy a comprar una guitarra.

un dinosaurio

una guitarra

Voy a comprar una pelota.

¡Mira!

Voy a comprar...

un dinosaurio.

una muñeca.

unos patines.

¡Dilo con Abby y Zak!

En la cafetería

MENÚ

ANTOJITOS

unos espaguetis

unas papas fritas

una pizza

unos palitos de pescado

un sándwich

una hamburguesa

un helado

unas fresas

¡Rico!

BEBIDAS

un jugo de naranja

un jugo de manzana

una limonada

¡Mira!

Quisiera...
una pizza, unas fresas y un jugo de naranja, por favor.

Ya sé decir...

Quisiera una pizza, por favor.

Quisiera un jugo de manzana, por favor.

¡Gracias!

Prueba 4

Completa

No,	una brujita?
Soy	bailar?
¿Eres	no soy un adivino.
¿Quieres	una muñeca.
Voy a comprar	un vaquero.

Escribe

¿Quieres __saltar__ ? **quisieran**

No, _____ . ~~saltar~~

Quiero _____ . **quisiera**

Voy a comprar _____ . **no quiero**

¿Qué _____ ? **un dinosaurio**

_____ una hamburguesa. **andar en bicicleta**

Halla y escribe

¡Me encantan los juguetes!

etnr _____ tren _____

ntepisa _____

lupeche _____

unodisaori _____

tiabollac oceredm _____

Escribe

Quisiera unos espaguetis y
un jugo de naranja, por favor.

_____

_____

_____

_____

_____

¿Quieres jugar?

Dibuja y escribe

¡Muy bien!
Vete a la p. 43.

¡Sí! Quiero _____

_____.

¡Muy bien! ¡Colorea!

Respuestas

Halla y colorea

siete, dos, cero, seis, diez, uno, ocho, cuatro, tres, nueve, cinco

Completa

Yo me llamo Abby.

¿Cómo te llamas?

¿Cuántos años tienes?

Tengo diez años.

¡Hasta luego, Zak!

Cuenta

cuatro

tres

dos

cinco

siete

Escribe

¡Hola! Me llamo Abby.

¿Cómo te **llamas**?

¡Hola! Me **llamo** Zak.

Tengo nueve años.

¿Cuántos años tienes?

Prueba 2

Halla y escribe

jardín, dormitorio, baño, sala, cocina

Escribe

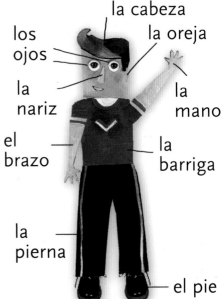

la cabeza

la oreja

los ojos

la nariz

la mano

el brazo

la barriga

la pierna

el pie

Halla y colorea

hermano, papá, abuela, hermana, mamá, abuelo

Completa

¿Cuántos hermanos y hermanas tienes?

Este es mi dormitorio.

Tengo un hermano.

¿Cómo estás?

Son las cuatro.

44

Colorea

- una camiseta roja
- una gorra amarilla y verde
- un suéter rosado
- un pantalón azul
- un vestido anaranjado
- un sombrero morado

Halla y circula

p	i	n	t	u	r	a	s
l	d	i	b	u	j	o	i
á	g	p	i	n	c	e	l
p	o	t	p	a	p	e	l
i	m	l	r	e	g	l	a
z	a	n	a	t	n	e	v
p	i	z	a	r	r	ó	n

Escribe

Llevo un pantalón.

Me gusta el morado.

No me gusta el verde.

El Sol es amarillo.

¿Cómo estás?

Completa

No, no soy un adivino.

Soy un vaquero.

¿Eres una brujita?

¿Quieres bailar?

Voy a comprar una muñeca.

Escribe

¿Quieres **saltar**?

No, **no quiero**.

Quiero **andar en bicicleta**.

Voy a comprar **un dinosaurio**.

¿Qué **quisieran**?

Quisiera una hamburguesa.

Halla y escribe

tren, patines, peluche, dinosaurio, caballito mecedor

Escribe

Quisiera unos espaguetis y un jugo de naranja, por favor.

Quisiera unos palitos de pescado y un helado, por favor.

Quisiera una hamburguesa y una limonada, por favor.

Quisiera un jugo de manzana, un sándwich y unas fresas, por favor.

Prueba 4

Lista de palabras

Aa

	¡A cenar!	It's dinnertime!
	¡A contar!	Let's count!
	¡A jugar!	Let's play!
	¡A levantarse!	It's time to get up!
	A mí también.	Me too.
la/el	abuela/abuelo	grandma/grandpa
	¡Adiós!	Bye!
un	adivino	fortune-teller
el	alfabeto	alphabet
el	almuerzo	lunch
la	alumna	student
	amarillo	yellow
	anaranjado	orange
	andar en bicicleta	ride a bike
los	antojitos	snacks
	Aquí tienen.	Here you are.
un	auto	car
un	auto de carreras	race car
	azul	blue

Bb

	bailar	dance
el	baño	bathroom
la	barriga	tummy
las	bebidas	drinks
	blanco	white
el	bolígrafo	pen
unas	botas	boots
el	brazo	arm
una	brujita	little witch
	¡Buenas noches!	Good night!

Cc

un	caballito mecedor	rocking horse
la	cabeza	head
la	cafetería	café
la	calculadora	calculator
una	camisa	shirt
una	camiseta	T-shirt
el	canguro	kangaroo
la	casa	house
una	casa de muñecas	dollhouse
	catorce	fourteen
	cero	zero
una	chaqueta	jacket
	cinco	five
la	cocina	kitchen
el	cocodrilo	crocodile
	¿Cómo estás?	How are you feeling?
	¿Cómo te llamas?	What's your name?
una	corbata	tie
los	crayones	crayons
el	cuaderno	notebook
	¿Cuántas(os)... hay?	How many... are there?
	¿Cuántos años tienes?	How old are you?
	cuatro	four

Dd

el	desayuno	breakfast
	¡Despierta!	Wake up!
el	dibujo	drawing
	diecinueve	nineteen
	dieciocho	eighteen
	dieciséis	sixteen
	diecisiete	seventeen
	diez	ten
un	dinosaurio	dinosaur
	doce	twelve
el	dormitorio	bedroom
	dos	two

Ee

el	elefante	elephant
la	entrada	hall
	¿Eres...?	Are you...?
	Es hora de dormir.	It's bedtime.
	Es la una.	It's one o'clock.
la	escalera	stairs
el	escritorio	desk
la	escuela	school
	¡Eso no te va!	That doesn't suit you!
unos	espaguetis	spaghetti
	¡Estoy bien!	I'm feeling well!

Ff

una	falda	skirt
la	familia	family
	¡Feliz cumpleaños!	Happy birthday!
unas	fresas	strawberries

Gg

el	gato	cat
el	globo	balloon
la	goma de borrar	eraser
una	gorra	cap
	¡Gracias!	Thank you!
una	guitarra	guitar

Hh

	hablar con mi amiga	talk to my friend
un	hada	fairy
una	hamburguesa	hamburger
	¡Hasta luego!	See you!
	Hay...	There is.../There are...
un	helado	ice cream
la/el	hermana/hermano	sister/brother
el	hipopótamo	hippo
	¡Hola!	Hi!

Jj

el	jardín	garden
la	jirafa	giraffe
	jugar	to play
un	jugo de manzana/naranja	apple/orange juice
la	juguetería	toy store

Ll

el	lápiz	pencil
	leer	to read
unos	lentes de sol	sunglasses
el	libro	book
una	limonada	lemonade
	Llevo...	I'm wearing...

Mm

la	maestra	teacher
un	mago	magician
la	mamá	mom
la	mañana	morning
la	mano	hand
	Me encanta(n)...	I love...
	Me gusta(n)...	I like...
	Me llamo...	My name is...
	¡Me veo genial!	I look great!
el	mediodía	noon
	mejor amigo(a)	best friend
	mi / mis	my
	¡Mira!	Look!
el	mono	monkey
un	monstruo	monster
	morado	purple
una	muñeca	doll
	¡Muy bien!	Good job!

Nn

	nadar	to swim
la	nariz	nose
	negro	black
la	niña	girl
	No estoy bien.	I'm not feeling well.
la	noche	night
	nueve	nine

Oo

	ocho	eight
los	ojos	eyes
	once	eleven
la	oreja	ear
el	oso panda	panda bear

Pp

unos	palitos de pescado	fish sticks
un	pantalón	pants
unos	pantalones cortos	shorts
el	papá	dad
unas	papas fritas	french fries
el	papel	paper
el	paraguas	umbrella
unos	patines	skates
un	patinete	scooter
un	pato	duck
el	pegamento	glue
una	pelota	ball
el	perro	dog
el	pie	foot
la	pierna	leg

el	pincel	paintbrush
las	pinturas	paints
un	pirata	pirate
el	pizarrón	board
	por favor	please

Qq

	¡Qué elegante!	You look stylish!
	¿Qué hora es?	What time is it?
	¿Qué quisieran?	What would you like?
	¿Quieres...?	Do you want to...?
	Quiero...	I want to...
	quince	fifteen
	Quisiera...	I'd like...

Rr

la	regla	ruler
	¡Rico!	Delicious!
	rojo	red
	rosado	pink

Ss

la	sala	living room
el	saltamontes	grasshopper
	saltar	to bounce
un	sándwich	sandwich
	seis	six
	sí	yes
	siete	seven
la	silla	chair
el	Sol	sun
un	sombrero	hat
	Son las cuatro.	It's four o'clock.
	Soy...	I'm...
un	suéter	sweater

Tt

la	tarde	afternoon
	¡Te ves genial!	You look great!
	¡Te ves linda!	You look pretty!
	Tengo (8) años.	I'm (8) years old.
	Tengo calor / frío.	I'm hot / cold.
	Tengo muchos amigos.	I have lots of friends.
	Tengo sed / hambre.	I'm thirsty / hungry.
unos	tenis	gym shoes
las	tijeras	scissors
	trece	thirteen
un	tren	train
	tres	three

Uu

el	uniforme escolar	school uniform

Vv

un	vaquero	cowboy
	veinte	twenty
la	ventana	window
	ver la televisión	to watch TV
	verde	green
	Voy a comprar...	I'm going to buy...

Yy

	Ya sé decir...	I can say...
	yo	I

Zz

unos	zapatos	shoes
el	zoológico	zoo

Spanish

with **Abby** and **Zak**

Milet Publishing, LLC
333 North Michigan Avenue
Suite 530
Chicago, IL 60601
info@milet.com
www.milet.com

Spanish with Abby and Zak
Spanish text by María Pérez
Translated and adapted from:
English with Abby and Zak
Text by Tracy Traynor
Illustrations by Laura Hambleton

*Thanks to Livia and Abby for
all their good ideas. TT*

With special thanks to Scott. LH

First published by Milet Publishing, LLC in 2008

ISBN: 978 1 84059 515 4

Printed and bound in China

Please see our website www.milet.com
for other language learning books featuring Abby and Zak.